Russian Ste

Natasha Alexandrova

Anna Watt

Прописи 2

Russian Handwriting 2

Cover by Natalia Illarionova

http://russianstepbystep.com/

First Edition
Russian Handwriting 2

Russian Step By Step

_____

ISBN-13: 978-1482736397

ISBN-10: 148273639X

Printed in the United States of America

Содержание

Предисловие

Прописи 2 разработаны для продолжения работы над правильным написанием прописных букв и их соединений. Они помогают развитию моторики мелких мышц руки и выработке красивого почерка. Почерк человека вырабатывается не сразу, поэтому нужна дополнительная тренировка руки.

В настоящей рабочей тетради более тщательно прорабатываются наиболее трудные соединения букв, представлены более сложные фразы, даны русские пословицы и поговорки, а также перевёртыши[1], что делает процесс обучения более познавательным и привлекательным.

Всем известно, что по почерку человека можно рассказать о его характере. Но, оказывается, что улучшая свой почерк, мы также меняем что-то в себе. Многочисленные исследования доказали, что мелкая моторика неразрывно связана с нашей нервной системой и влияет на наше поведение. Многочисленные исследования доказали, что мелкая моторика неразрывно связана с нашей нервной системой и влияет на наше поведение.

---

[1] **Перевёртыши** (палиндромы) одинаково читаются в обоих направлениях. В настоящих прописях они обозначены звёздочкой *

Introduction

Propisi 2 is developed to help you continue working on the correct Russian handwriting. This workbook helps develop your fine motor skills and a beautiful handwriting. The person's handwriting does not happen in a moment as you need to train your hand.

In this workbook a special attention is given to the complicated connections, more complex phrases are introduced. Russian proverbs and sayings are given, as well as palindromes[2], so this helps the study process fun and attractive.

Everyone knows that by looking at the person's handwriting you can say a lot about the person's character. But it so happens that if you improve your handwriting you can also change something in you. Many researches show that the fine motor skills are connected to our nervous system and influence our behavior.

---

[2] Palindromes can be read in both directions and in Propisi 2 is indicated with a star *

Русский Алфавит

Аа   Бб   Вв   Гг

Дд   Ее   Ёё   Жж

Зз   Ии   Йй   Кк

Лл   Мм   Нн   Оо

Пп   Рр   Сс   Тт

Уу   Фф   Хх   Цц

Чч   Шш   Щщ   ъ   ы

ь   Ээ   Юю   Яя

Аа

Ан

Анна

ам

Америка

ар

арка

сказка

Ау

А роза упала на лапу Азора. *[3]*

Бб

Бо

Борис

бу

буква

бл

облако

бы

быстрый

Белые бараны били в барабаны.

Вв

Ве

Весна

вторник

У Варвары кот Васька.

Во дворе трава, на траве

дрова.

Гл

Га

Галина

гр

Гуси громко гогочут.

гв

гвоздь

Гл

У Глеба голубые глаза.

А дорого до города? *

Дд

Да

Даша

ди

девица

др

дрова

Дядя Димы — доктор.

Деду делал еду дед. *

Ее

Ешь

енот

еда

сн

песня

ем

сено

лето

слон

Ешь немытого ты меньше. *

Ёё

Ёлка

клён

лёд

Сто одёжек и все без застёжек.

весёлый ёжик

Что посеешь, то и пожнёшь.

Жж

жк

ложка

У нас ваш нож, у вас наш нож.

жб

Дружбу за деньги не купишь.

Жук – актёр, врёт как уж.*

Зз

зд

поздно

Знание лучше богатства.

поздравление

здравствуй

В здоровом теле здоровый дух.

Ии

игра

лимон

тигр

имя

Ирина

тина

Один в поле не воин.

И нет зебр без тени. *

Йй

герой

стайка

йод

май

йогурт

Старый друг лучше новых двух.

Край родной, навек любимый.

иней

Кк

Кл

Карл у Клары украл кораллы,

Клара у Карла украла

кларнет.

кекс

стекло

Коту тащат уток. *

Лл

кл

класс

стекло

колокол

У Лили лилии.

Делу – время, потехе – час.

Лёша на полке клопа нашёл. *

Мм

март

мороз

мл

лампа

музыка

мф

Мама Милу мылом мыла.

Мила мыла не любила.

Мила мыло уронила.

Нн

Нина

неделя

нв

конкурс

На ошибках учатся.

На палке клапан. *

Оо

оса

Оля

орешек

дрова

На дворе трава, на траве

дрова. Не руби дрова на траве

двора.

Около Миши молоко. *

Пп

Пч

панда

почему

плакат

От топота копыт пыль по

полю летит.

Пчела звала – в зале ЧП! *

Рр

ри

барабан

трава мокрая

Радуга

Каждый охотник желает

знать, где сидит фазан.

Кирилл – лирик.*

Сс

сосна

Света

скороговорка

Слово—серебро, молчанье—
золото.

Сам себя губит, кто других не
любит.

Тт

торт

пастух

Том

Не имей сто рублей, а имей сто

друзей.

перевёртыш

Коту тащат уток. *

Уу

Урал

Упражнение

суббота

лужа

Без наук как без рук.

Ученье – свет, а неученье – тьма.

Ушали машу. *

Фф

фанфары

светофор

Федот, да не тот.

кафтан

сарафан

пиф-паф

Софья

жирафы

суфле

Федорино горе

Хх

хатка

пахлава

Хвалилась синица море зажечь.

Хотеть не вредно.

Худой мир лучше доброй ссоры.

У страха глаза велики.

Цц

цветок

Цезарь

молодец

огурцы

царица

пословица

Цыплят по осени считают.

И волки сыты, и овцы целы.

Чч

пачка

удача

считалочка

Чудо-Юдо рыба-кит.

Век живи – век учись.

Под лежачий камень вода не

течёт.

Ши

Крыса Шушера

шёпот

мошка

шарик

Саша шапкой по ошибке шишку

сшиб.

Хороши у Миши шалаши.

Щщ

щука

щётка

щи

борщ

щенок

Щи да каша — еда наша.

плащи

щедрость

Щедр на слова, да скуп на дело.

ъ

адъютант

въезд

изъян

необъятный

подъём

объяснение

объект

съёмка

трёхъярусный

Знает кошка, чьё мясо съела.

ы

бойцы

сыр

пыль

камыш

выхухоль

полынь

шито-крыто

Умный в гору не пойдёт, умный
гору обойдёт.

ь

вьюга

мышь

ночью

семья

жильё

соловьи

Что посеешь, то и пожнёшь.

Плакать в три ручья.

Ээ

Элеонора

эгоист

экзамен

эхо

мэр

силуэт

каноэ

поэт

Это ещё цветочки, а ягодки

впереди.

Юю

Юлия

юла

меню

любовь

Вот тебе, бабушка, и Юрьев

день!

Юре верю.*

Юра, дарю!*

Яя

мяу

янтарь

яма

кря-кря

Россия

Япония

Я следом оделся. *

Я неженка – так нежен я. *

Ася, молоко около мяса. *

41

Russian Step By Step learning system is designed by an experienced teacher and language course developers to introduce a step-by-step approach to learning Russian. Our goal is to provide the learners of Russian with clear and simple explanations and lots of practice.

For a complete list of titles, prices, more information about our company and learning materials or to subscribe to our free newsletter, please, visit our website at **www.russianstepbystep.com**

If you are teaching Russian using our materials, please contact us regarding a complimentary training at **info@russianstepbystep.com**

Available Titles

1. **Reading Russian Workbook**: Total Beginner (Book & Audio)

2. **Beginner** Level 1 (Book & Audio)

3. **Low Intermediate** Level 2 (Book & Audio)

4. Russian Handwriting 1: **Propisi 1**

5. Russian Handwriting 2: **Propisi 2**

6. Russian Handwriting 3: **Propisi 3**

7. **Verbs of Motion**: Workbook 1

You can also follow us on Facebook **www.facebook.com/RussianStepByStep**

Made in the USA
Monee, IL
06 November 2024

69519150R00026